LE PUY-EN-VELAY AU XVIe SIÈCLE

PUBLICATIONS DE LA SOCIÉTÉ DES ÉTUDES LOCALES   N° 3.

ANTOINE JACOTIN

VICE-PRÉSIDENT DE LA SOCIÉTÉ DES ÉTUDES LOCALES
CORRESPONDANT HONORAIRE DU MINISTÈRE DE L'INSTRUCTION PUBLIQUE
LAURÉAT DE L'INSTITUT

LE PUY-EN-VELAY AU XVIᵉ SIÈCLE

AVEC UNE VUE DE LA VILLE EN 1607

LE PUY-EN-VELAY

IMPRIMERIE MARCHESSOU
PEYRILLER, ROUCHON ET GAMON, SUCCESSEURS
23, BOULEVARD CARNOT, 23

1923

LE PUY-EN-VELAY AU XVI° SIÈCLE

L'HISTOIRE du Velay présente dans ses phases successives une attrayante diversité, mais si l'on compulse ses vieilles chroniques, les anciens documents qui ont conservé dans leur poudreuse vétusté le souvenir des âges à jamais disparus, on est plus particulièrement attiré par l'étude du XVI° siècle. Là, les faits se multiplient et se précipitent, les mœurs se civilisent et se policent, les esprits s'affranchissent et s'éclairent, en même temps que l'unité française qui a pris naissance sous les premiers Capétiens et s'est successivement développée grâce aux conquêtes de Philippe-Auguste, aux lois de saint Louis et aux institutions de Philippe le Bel, s'affirme définitivement avec les célèbres ordonnances de François Ier. A cette société du moyen âge, aux idées chevaleresques, au cœur dur comme la cuirasse de fer qui le recouvre, succède une société brillante et légère, dont les traditions et les coutumes se sont perpétuées jusqu'à nous.

Le XVIe siècle, si fécond en événements de toute nature, est donc, plus que tout autre, favorable pour nous initier à la vie publique et privée de ceux qui jadis foulèrent le sol vellave, et la ville du Puy, à elle seule, offre un champ d'investigations assez vaste, pour permettre de juger, en connaissance de cause, l'évolution de ce siècle qui s'éveille dans l'épanouissement radieux de l'intelligence et s'endort dans les brumes sanglantes de la guerre civile.

Mais, avant de retracer l'histoire du Puy à ces mémorables époques et de dépeindre ses mœurs et ses institutions, il con-

vient de décrire la scène sur laquelle vont tour à tour défiler
tant de grandes passions, tant d'humaines faiblesses. Le décor
est magnifique : la ville comprimée dans une enceinte de
murailles, trop étroite pour la contenir, assez forte pour mettre
à l'abri de toute surprise son honneur et sa tranquillité, se
dresse calme et puissante au milieu de ce cirque merveilleux
que la nature a enrichi de ses plus pittoresques atours. Comme
aux jours de sa splendeur féodale, elle se présente avec ses
murs épais et moussus, ses portes crénelées, ses tours mas-
sives et renflées, ses mâchicoulis, ses meurtrières, en un mot
avec tout l'appareil de défense que l'architecture militaire
employait aux temps anciens. Dans cette enceinte puissamment
fortifiée, qui affectait la forme d'un secteur, dont l'arc sur-
haussé s'étendait de la porte des Farges à celle du faubourg
Saint-Jean et dont les rayons aboutissaient à la brèche volca-
nique de Corneille, s'entassaient dans un dédale inextricable
de rues tortueuses, sombres et étroites, plus de 1,600 maisons.
Et si, curieux de jouir d'une vue panoramique permettant tout
à la fois d'embrasser l'ensemble de ce labyrinthe et d'en saisir
tous les détails, on eût gravi le rocher qui le domine, le regard
se serait d'abord noyé dans un amoncellement désordonné de
toits, de cheminées, de pignons, de tourelles et de clochers.
Puis, lorsque l'œil s'était habitué à cet enchevêtrement de
bâtisses confuses et disparates, il arrivait successivement à
distinguer la Cathédrale, l'évêché, les collégiales de Saint-
Georges, de Saint-Agrève et de Saint-Vosy, les abbayes de
Saint-Pierre-Latour, de Saint-Pierre-le-Monastier et de Sainte-
Claire et, au delà des fortifications et de leurs fossés maréca-
geux, les couvents des Carmes, des Cordeliers et des Jacobins,
les commanderies de Saint-Jean de Jérusalem et de Saint-Barthélemy.

Dans les premières années du xviᵉ siècle, ces monuments —
trop souvent les tristes victimes du vandalisme moderne —
s'offraient encore dans tout l'éclat d'une immuable conservation. Mais alors que ces témoins impassibles du passé résis-
taient sur leurs assises inébranlables aux efforts destructeurs
du temps et des hommes, les habitants du Puy se trouvaient
dans un état indicible de misère et d'épuisement, déplorables

conséquences des luttes meurtrières que la royauté venait de
soutenir pour maintenir ses prérogatives ou repousser l'invasion étrangère, et des ruines amoncelées par la famine, la lèpre
et la peste. Aussi, l'histoire du Puy ne présente-t-elle rien de
saillant sous le règne de Louis XII : chacun s'évertue à profiter
de l'administration sage, prudente et réparatrice de ce monarque, pour panser les cruelles blessures qu'il vient de recevoir.
La vie matérielle reprend son cours normal, les grandes dou-
leurs s'effacent peu à peu des mémoires et des cœurs, en un
mot le calme succède à la tempête. Seules la disette et les
maladies contagieuses jettent encore le trouble au milieu de
ces existences tranquilles et recueillies, car la province du
Velay ne participe que faiblement aux lointaines expéditions
d'Italie.

Jusqu'en 1523, la cité anicienne put librement s'occuper de
ses affaires publiques et privées ; mais, à cette date les alarmes
renaissent. En s'associant aux intrigues coupables du connétable de Bourbon contre l'autorité suprême, l'évêque du Puy,
Antoine de Chabannes, contribua à raviver des haines locales
mal éteintes, des passions non endormies. Et, pendant que le
déchaînement des ambitions politiques tend à rallumer des
luttes fratricides, des routiers pénètrent en grand nombre dans
le Velay et dévastent son territoire. Aussitôt les habitants du
Puy volent aux armes et, après plusieurs escarmouches, réus-
sirent à s'emparer de quelques uns de ces brigands, sans
toutefois parvenir à enrayer complètement les déprédations de
ceux qui avaient échappé à leur poursuite et qui ne se disper-
sèrent définitivement qu'après l'intervention d'une garnison
de Lombards, remplacée plus tard par des troupes françaises.

L'année suivante, la cité fut encore troublée par les tentatives des Impériaux qui, sous le commandement du connétable
de Bourbon, cherchèrent vainement à s'emparer de la Provence. On redoubla de précautions et de surveillance, les
portes furent fermées et gardées, les rondes veillèrent, pendant que le guetteur du rocher de Corneille interrogeait anxieu-
sement le pacifique horizon.

A peine remise de cette fausse alerte, elle apprenait le désas-
tre de Pavie, la captivité de François Iᵉʳ et le traité onéreux qui

s'ensuivit. Son désespoir fut grand, mais son esprit de sacrifice et de dévouement fut à la hauteur de ces pénibles circonstances puisque, lors de la reprise des hostilités en Savoie et de l'invasion de la Provence par Charles-Quint, elle compromit grandement l'équilibre de sa situation financière, en votant des subsides de guerre disproportionnés avec ses ressources. Elle fit plus, elle demanda et obtint la révocation du privilège que la royauté lui avait jadis octroyé, en exemptant ses habitants de l'obligation de servir dans les guerres contre l'étranger, quand ces guerres n'avaient pas pour théâtre la province du Velay. Cette explosion de pur patriotisme coûta bien des larmes, car la fin du règne de François Ier et la majeure partie de celui de son successeur Henri II furent marquées par de furieuses batailles, bien faites, suivant le mot de Napoléon Ier à Eylau, pour inspirer aux princes l'amour de la paix.

Cependant, malgré les graves préoccupations engendrées par les besoins incessants de la défense nationale, la province entière du Languedoc était agitée par une sorte d'esprit de chicane qui encombrait de ses dossiers civils ou criminels la souveraine cour du parlement de Toulouse. En vain les juridictions royales ou seigneuriales rendaient-elles arrêts sur arrêts, sentences sur sentences, la justice, entravée dans sa marche boiteuse et aveugle, ne suivait plus son cours régulier. C'est alors que le roi Henri II décida de convoquer au Puy un de ces tribunaux extraordinaires, connus sous le nom de Grands-Jours. Ceux-ci, ainsi qu'on le verra, furent loin de mériter le reproche d'apporter des lenteurs dans le règlement des procès. En moins de deux mois, ils tranchèrent des centaines de différends, dont les jugements, inédits pour la plupart, forment la matière de trois gros registres, comprenant près de 1,500 feuillets. Les arrêts rendus dans les affaires civiles sont en général dénués d'intérêt, tandis que ceux concernant les poursuites criminelles permettent de se rendre compte des procédés expéditifs et cruels des magistrats de ces lointaines époques. On y retrouve ce type de Grippeminaulx que Rabelais nous représente avec les mains pleines de sang, les yeux flamboyants, les dents de sanglier. Ce portrait sévère des gens de justice, au temps de l'illustre auteur de Gargantua, trouve son

éloquente justification dans les châtiments infligés par la cour
des Grands-Jours, en 1548, lors de la tenue de ses assises solennelles au Puy. Ici, on soumet à l'horrible question un faux
monnayeur, avant de lui trancher la tête ; là, ce sont des héré-
tiques que l'on brûle vifs, ou à qui on perce la langue avec un
fer rouge ; plus loin, ce sont de faux témoins que l'on fustige
jusqu'au sang. Et, par un raffinement de cruauté, joignant
l'humiliation à la souffrance, avant l'expiation, on livrait le
coupable au bourreau, qui le hissait sur un tombereau et le
promenait à travers les rues et carrefours, en chemise, la hart
au col, un cierge de cire ardente à la main, tête et pieds nus.
Arrivé devant l'église cathédrale, le condamné s'agenouillait
et faisait amende honorable, en demandant pardon de ses
méfaits « à Dieu, au Roi et à la Justice », puis, le funèbre con-
voi reprenait sa marche et gagnait la place du Martouret, sa
suprême et dernière étape.

Loin d'inspirer aux âmes une terreur salutaire, le spectacle
de ces terribles exécutions ne fit qu'endurcir les cœurs et rendre plus inhumains ceux qui en avaient été les témoins. Il
contribua à répandre dans les masses populaires le souverain
mépris de la mort, l'indifférence complète aux cris arrachés
par la torture. Aussi, ne doit-on pas s'étonner que la Réforme
se soit signalée, dans la province du Velay, par ses excès, ses
fureurs, sa sombre exaltation. Animés d'un catholicisme pro-
fond, d'une croyance presque superstitieuse, ses habitants
se refusèrent résolument à accepter les doctrines austères et
indépendantes du Calvinisme. Ils s'enrôlèrent sous le drapeau
de la Ligue et le défendirent avec une énergie et un courage
que trente-trois années de combats sanglants ne purent jamais
abattre.

Si l'on voulait retracer chacun des épisodes mémorables de
cette lutte qui se déroule aux lueurs sinistres des incendies,
consumant indistinctement les chaumières et les châteaux, il
faudrait nécessairement entrer dans des développements dé-
passant le cadre modeste des publications de la Société des
études locales. On est donc obligé de s'en tenir à des généra-
lités et, en premier lieu, à faire une rapide connaissance avec
les deux personnages autour desquels se groupèrent tous les

défenseurs du catholicisme. C'est d'abord le dernier descendant mâle d'une puissante et noble race, celui-là même qui fit édifier, en 1563, dans le vallon sinueux et verdoyant de la Borne, le château fort de Saint-Vidal, c'est le gouverneur Antoine de La Tour, baron de Saint-Vidal, grande et belle figure, caractère indomptable, aux convictions inébranlables, que le soupçon frôla pourtant de son aile accusatrice. C'est ensuite l'évêque Antoine de Saint-Nectaire, prélat distingué, à l'éloquence entraînante et persuasive, portant indifféremment la soutane ou l'armure qui, de ligueur intrépide, devint le chef des Politiques en Velay, lorsque ses coreligionnaires associèrent leur cause à celle de l'étranger et que le chancelier Michel de l'Hôpital fit entendre des paroles de tolérance religieuse et de modération.

Il est facile de comprendre l'influence que de tels hommes exercèrent sur leurs contemporains. Habitués au commandement, doués l'un et l'autre de ces qualités qui s'imposent aux foules, ils n'eurent qu'à se montrer pour être immédiatement suivis par toute une population en qui sommeillait toujours la foi ardente du moyen âge. Aussi, lorsque les hostilités commencèrent en Velay, la ville du Puy était prête à combattre et quand Blacons, lieutenant du féroce baron des Adrets, vint, en 1562, avec l'armée protestante pour en faire le siège, ses tentatives d'assaut contre les portes de Panessac, d'Avignon et de Saint-Jean n'obtinrent aucun succès. Dans les engagements sanglants qui eurent lieu, à cette occasion, sous les murs de la cité, ses habitants furent cruellement décimés, mais leur ardeur guerrière rencontra un puissant stimulant dans l'intrépidité et le courage que leurs femmes déployèrent pour repousser l'agresseur, qui s'éloigna, enfin, en laissant derrière lui les traces funèbres de son passage. Toutes les églises situées hors des fortifications, celles des Carmes, des Cordeliers et des Jacobins notamment, avaient été saccagées et pillées. Aussi ne fit-on grâce à aucun des trente prisonniers faits sur l'armée ennemie : ils furent tous pendus haut et court.

Les quelques mois de répit amené par l'édit de pacification d'Amboise (mars 1563), furent employés à la mise en défense de la ville. On fondit des canons avec les cloches des églises, on répara les murailles, on creusa de nouveaux fossés. La nou-

velle du massacre de la Saint-Barthélemy brisa cette concorde,
plus apparente que réelle, et les ligueurs reprirent les armes,
pour s'emparer du château d'Espaly, tombé aux mains des pro-
testants.

Les années suivantes se signalèrent au Puy par des conjurations, suivies de terribles représailles, par un nouveau siège
infructueux de la ville, par des négociations dans lesquelles les
envoyés de la reine Marguerite de Valois tentèrent inutilement
de traiter la paix. Les esprits étaient emportés par ce courant
irrésistible qui entraîne souvent un peuple à s'entr'égorger,
à ne voir dans son sang répandu que le germe fécond d'où doit
éclore le triomphe de ses idées : l'âpreté des haines et la vio-
lence des passions déchaînèrent un esprit de suspicion qui gagna
toutes les classes de la société. Antoine de Saint-Vidal ne put
échapper lui-même à d'injustes et calomnieuses méfiances.
Aussi, aigri par ces soupçons injurieux, saisit-il avec empresse-
ment l'occasion de venger au moins sa mémoire, en provoquant,
dans une entrevue restée célèbre, le chef des troupes religion-
naires, le sénéchal de Chaste. Le duel eut lieu, le 25 janvier
1591, au pont d'Estrouillas ; de part et d'autre les huit adver-
saires se battirent avec un égal acharnement, mais la main du
gouverneur, affaiblie par l'âge, ne put détourner de sa poitrine
l'arme homicide du cadet de Séneujol, son propre filleul, et le
grand ligueur tomba pour ne plus se relever. La ville comprit
ses torts et chercha à les réparer, en faisant de solennelles
funérailles à celui qui, pendant de si longues années, avait été
son âme et son illustre représentant.

Dès lors la Ligue qui, jusque-là, avait eu un caractère entièrement aristocratique, se transforma et devint démagogique. Des
séditions éclatèrent dans la cité, des conjurations royalistes, à
la tête desquelles se trouvaient les consuls, impuissants à contenir le flot populaire, se formèrent. Ce débordement de tant
de malsaines aspirations suscita aux plus convaincus la pensée
d'imiter enfin l'exemple des villes qui, comme Orléans, Lyon
et Paris, avaient fini par reconnaître l'autorité souveraine du
roi de Navarre. Les habitants du Puy firent leur soumission et
Henri IV, cédant aux généreuses aspirations de son naturel, se
montra bon prince, en maintenant toutes leurs franchises.

munales et en leur accordant une décharge générale de tous
les impôts arriérés (février-avril 1596).

Comme complément naturel à cette rapide esquisse de l'histoire politique de la ville du Puy, au xvi° siècle, il convient de
décrire sommairement les mœurs, les caractères et les coutumes de ses habitants, soit en pénétrant dans l'intérieur de
leur foyer domestique, soit en les suivant dans leurs manifes-
tations publiques. On est bien obligé de reconnaître que les
résultats de cette enquête ne sont pas entièrement à l'éloge de
leur mémoire, car si nous les voyons toujours disposés à prendre
les armes pour sauvegarder leurs libertés communales ou dé-
fendre l'intégrité du territoire national ou la fermeté de leurs
convictions religieuses, ils se montrent pourtant fort soucieux
de leur conservation personnelle, lorsqu'il s'agit de faire preuve
de ce certain courage qui se traduit par de silencieuses affirma-
tions. La peste éclate-t-elle, point d'hésitations, ils abandonnent
leurs demeures, fuient, consuls en tète, l'horrible contagion et
ne regagnent leurs pénates que lorsque tout danger a cessé.
La sensibilité et la compassion semblent aussi avoir peu de
prise sur leurs cœurs. Quelqu'un des leurs vient-il à mourir,
ils enregistrent froidement sur leurs livres de raison, à côté
des dépenses ménagères ou des recettes commerciales, cet acci-
dent naturel... plus ou moins lucratif. Des gelées ou des grèles
détruisent-elles les récoltes, ils ne s'apitoient nullement sur le
sort des agriculteurs qui en sont les premières et les plus inté-
ressantes victimes, ils se plaignent seulement de la cherté pro-
bable du pain.

Ces souvenirs rétrospectifs tendraient à nous représenter les
vieux bourgeois ponots comme inaccessibles à tout sentiment
de pitié et dont l'audace fléchissait, quand elle n'avait pas, pour
la stimuler, cet entraînement communicatif qui pousse souvent
les hommes les plus timorés à accomplir des prodiges de
valeur, lorsqu'ils sont réunis en masse. Il serait certainement
exagéré d'en arriver à d'aussi fâcheuses conclusions. On peut
tout au plus se borner à constater que le moral des bourgeois
du Puy, au xvi° siècle, était façonné à l'image de celui de la
plus grande partie de la nation. Ils subissaient, moins le doute
et l'incertitude, l'influence de la philosophie de Montaigne et,

dans leur égoïsme indulgent, pensaient que le bonheur suprême
consistait à se contempler, à se suffire, à se posséder, à vivre
pour soi et par soi, à « réserver son arrière-boutique », suivant
l'expression de l'auteur des *Essais*, et à ne s'affranchir de
l'agréable souveraineté de ses instincts que dans le cas où de
dures nécessités les forçaient à se soumettre au joug des obli-
gations sociales.

Leurs occupations et leurs plaisirs se ressentent, naturel-
lement, de la double impression qu'ils reçoivent de leurs pen-
chants ou de leur nature fortement imprégnée d'individualisme.
Ils luttent pour la vie — quoique ignorant la formule anglaise
chère à Darwin — sans se soucier des fatigues et des peines,
convaincus que la fortune est le plus estimable des bonheurs
humains. C'est surtout dans la voie commerciale qu'ils se lancent
et ils font preuve, dans ce genre de spéculation, d'aptitudes par-
ticulières, dont on pourrait multiplier les exemples. Entre tous,
celui d'Etienne Médicis est à retenir. Cet intéressant chroni-
queur local, en même temps qu'annaliste à ses heures, tenait
une boutique de marchand de draps, située rue Panessac, non
loin de la place du Plo. Mais il ne se contentait pas seulement
d'écrire ses Mémoires et de vêtir ses contemporains, il vendait
aussi du papier, du fil, de la toile, des chevaux, des bijoux, du
vin, des chapeaux, des arbalètes, du vinaigre rosat, prêtait sur
gages, dressait des compois ou faisait des expertises, en un
mot employait tout son temps d'une manière variée et surtout
lucrative. Son industrie ne connaissait point de bornes, et il
était arrivé à doter sa ville natale d'un de ces grands magasins
que l'on considère, à tort, comme une invention moderne. Rien
dans ses livres ne prouve cependant qu'il vendait à prix fixe,
expédiait franco ses marchandises pour les commandes supé-
rieures à 25 livres, qu'il rendait l'argent des achats qui avaient
cessé de plaire. Mais enfin, malgré ces imperfections, disparues
avec le progrès, sa boutique était bien de celles qui peuvent
donner satisfaction aux exigences les plus diverses, aux nécessités les plus disparates.

De ce qui précède, on aurait tort de conclure que l'existence
du commerçant ponot était jadis entièrement absorbée par le
labeur et le négoce. Ses goûts le portaient à se lever avec l'au-

rore, des règlements de police municipale l'obligeaient à se coucher de bonne heure, mais l'emploi de son temps était parfaitement réglé et ses occupations personnelles ne l'empêchaient nullement de disposer de quelques instants de sa journée bien remplie, pour déguster le vin du terroir, tout en devisant sur les événements qui l'intéressent. Le dimanche, il le consacrait à ses pratiques religieuses, se promenait, malgré les défenses épiscopales, dans la prairie du Breuil et, la nuit tombée, évitait de s'attarder dans les tavernes en renom ou dans des réunions qui, si elles se prolongeaient au delà de huit heures en hiver et de neuf heures en été, pouvaient lui attirer des désagréments avec le guet, toujours prêt à réprimer toute tentative de noctambulisme. Il lui eût été impossible de faire grasse matinée les lundis, car, en ce jour-là, dès l'aube, la clochette du hûche des âmes était là pour le réveiller, et il n'avait garde de se soustraire aux recommandations pieuses que le muezzin local lui rappelait en ces termes :

> Bonnes gens, dormy avez assez;
> Veuillez vostre cueur donner,
> Et prier pour les bons Trespassez,
> Que Dieu les vueille pardonner !

Cette esquisse rapide du caractère et des habitudes du négociant du Puy, au xvi° siècle, pourrait également s'appliquer à la plupart des individualités de la population anicienne. Le commerce absorbait, en effet, presque toute la vie communale : c'était pour le plus grand nombre le mobile de toutes les actions, la préoccupation constante de la pensée. Grâce à lui on pouvait acquérir dignités et richesses. Aussi chacun s'ingéniait à surmonter les difficultés de l'apprentissage ou de la maîtrise qui, aux temps anciens, entravaient l'exercice de cette profession. Mais une fois en possession de ce titre tant désiré de maître, quelle satisfaction ! On était membre d'une corporation, soumise à l'observation de statuts particuliers, possédant des droits et des privilèges : les jours de fêtes et revêtus de costumes somptueux et bigarrés, on figurait solennellement et en corps dans les cortèges officiels, précédés de la bannière multicolore et entourant la statue du saint patron.

L'intervention des corporations dans les cérémonies publiques, rappelle le souvenir des plaisirs et des jeux alors en honneur au Puy. Ils étaient de deux sortes : les uns tendant à développer la force et l'adresse, les autres destinés à la culture de l'esprit.

Dans la première catégorie on doit placer, tout d'abord, le tir de l'oiseau qui avait lieu, chaque année, le lundi de la Pentecôte et qui valait, à celui qui en sortait vainqueur, les honneurs encombrants d'une royauté éphémère, une somme importante d'argent, le droit, fort apprécié, de porter l'épée au côté, le privilège de marcher, dans la procession de la Fête-Dieu, au rang même des consuls. Le jeu de paume était aussi très prisé ; on voyait les plus grands seigneurs s'y livrer et, notamment le cardinal de Tournon, l'habile diplomate, l'abbé de Saint-Antoine de Vienne et le vicomte de Polignac qui s'étudiaient, en 1538, rue Panessac, à mettre en pratique les judicieux conseils du grave stoïcien Sénèque sur les devoirs réciproques du servant et du lanceur. Enfin, les personnages les plus haut placés et, entre autres, l'évêque, le gouverneur de la ville, même au plus fort des guerres religieuses, ne dédaignaient pas d'endosser des vêtements en taffetas de couleur, dont la gamme variait — suivant les expressions bizarres mais pittoresques de l'époque — depuis l'espagnol malade, le vert gai, le singe mourant, jusqu'à la veuve réjouie, le trépassé revenu, le temps perdu, le péché mortel. Affublés de ces costumes voyants et le visage recouvert d'un masque.... pénétrable, ils couraient avec ardeur la bague et l'anneau, sans doute pour inciter leurs administrés à se livrer à ce divertissement hygiénique. Il est bon d'ajouter que la galanterie française et, particulièrement, celle tant affinée de la Renaissance, trouvait matière à s'exercer puisque les prix étaient distribués par de « belles et honnestes dames », mais non de celles dont nous parle Brantôme.

Quant aux distractions intellectuelles, elles consistaient en des représentations théâtrales dans lesquelles se jouaient, sur des échafauds dressés, à cet effet, sur les places publiques, des mystères religieux ou des scènes allégoriques. Le mystère s'inspirait surtout de la foi profonde de ces époques, de la

magnificence des cérémonies du culte catholique et des actions
dramatiques des écritures sacrées. Il était dépourvu de cet
esprit satirique qui prédomine en général dans le théâtre du
moyen âge et évitait, avec soin, les grossières personnalités
des soties, ou les idées abstraites des moralités. Les chro-
niqueurs du Puy font mention de quelques uns des mystères
joués dans cette ville, au xvi° siècle, et, notamment de la Pas-
sion de Jésus-Christ, du combat de David et de Goliath et de
la décapitation d'Holopherne. Ces représentations duraient
souvent plusieurs jours, et l'affluence était telle qu'on eut à
déplorer de graves accidents.

Les allégories n'étaient au contraire que la manifestation du
procédé symbolique par excellence. A cette époque, le symbo-
lisme, qu'on se plaît de nos jours à envisager ou à définir de si
multiples façons, ne connaissait que deux manières de se pro-
duire : en architecture il personnifiait des vices ou des vertus,
ou bien rappelait, comme le chapiteau du cloître de la cathédrale relatif à la mésaventure d'Abélard, l'un des épisodes de
l'histoire contemporaine ; en littérature, il se contentait de
corporifier les pensées, les sentiments, les choses, les éléments.
Lorsque François Ier vint au Puy, en 1533, la ville, pour l'hono-
rer, crut de son devoir de lui prodiguer toute une série de
ce genre de spectacles. Sur le pont d'Estrouillas et sous un
arc de triomphe magnifiquement décoré, il rencontra d'abord
trois personnages, un homme et deux femmes, richement
parés, qui symbolisaient le Bon Vouloir, la République et
l'Obéissance. Chacun des acteurs débita un sonnet approprié à
son rôle. A l'entrée de la porte Panessac, deux jeunes filles,
l'Amour et la Fidélité, vêtues de damas rouge, or et bleu,
après lui avoir adressé de nouveaux compliments en forme de
quatrains, lui présentèrent les clefs de la ville. Le roi répondit
en fort galants termes, mais en déclinant cette offre. Sur la
place du Plo, où on avait dressé une autre estrade, sept dames
figuraient les sept arts libéraux, avec les costumes fidèlement
reproduits d'après la fresque que l'on voit encore de nos jours
dans la salle des États de l'église cathédrale. Une huitième
« acoutrée de taffetas bleu et d'un joly armet d'argent sur la
teste, tenant en main un dard », et qui avait pris le nom de

Minerve, se détacha de leur groupe et harangua encore en
vers le monarque. Il faut croire que celui-ci se montra fort
touché de cette avalanche de scènes allégoriques et de poésies
dithyrambiques, puisque, quelques années plus tard et en
témoignage de sa satisfaction, il fit don au chapitre cathédral
du Puy de deux superbes chandeliers en argent.

On trouve encore une preuve du goût progressif pour les
ouvrages de l'esprit dans les dispositions testamentaires de
Gabriel de Saint-Marcel, docteur en droit, de l'année 1555,
contenant le legs d'une rente perpétuelle, affectée annuel-
lement à l'achat de deux « ymages de Nostre Dame ou bagues
d'or », à décerner aux meilleures compositions « en l'art de
chantrerie et en la science de gaye rimerie ». En 1586, André
Dujeune, lieutenant particulier de la sénéchaussée, légua de
plus une rente annuelle de six écus deux tiers, à l'effet d'at-
tribuer une rose et une marguerite aux écoliers du collège qui
feraient, « en vers latins et en prose latine », le plus bel éloge
des fondateurs de cet établissement. C'est à cette double libéra-
lité qu'est due l'origine des jeux floraux du Puy qui, pendant
toute la seconde moitié du XVIᵉ siècle, provoquèrent dans cette
ville une grande émulation littéraire. Pourtant et malgré ces
efforts méritoires, on est bien obligé de reconnaître qu'aucun
des écrivains locaux de cette période ne mérite d'aspirer à
l'immortalité. Leurs productions manquent en général d'ori-
ginalité, d'élévation, de chaleur et, dans la poésie notamment,
on est loin de retrouver ce charme indicible, cette fraîcheur
de pensée, cette délicatesse, cette grâce de nos vieux trouba-
dours vellaves. Leur versification est laborieuse et bizarre,
leurs idées empreintes d'une extrème naïveté, et on est de
prime abord surpris que le génie poétique de leurs devanciers
ne se soit pas réveillé en eux, à l'appel de Clément Marot ou
de Ronsard. Cette infériorité est en partie due aux impressions
indéniables que les événements tragiques de l'histoire du
Velay exercèrent sur les esprits et aussi, on doit le dire, à l'or-
ganisation précaire de l'enseignement public. Les écoles ecclé-
siastiques étaient alors exclusivement réservées à ceux qui se
destinaient aux fonctions cléricales et dont les études consistaient surtout à amasser des connaissances spéciales, qui se

traduisaient le plus souvent sous la forme de vastes compilations, où le talent naturel était étouffé par le poids d'une indigeste érudition. La noblesse s'adonnait surtout au dur métier des armes et professait même un certain mépris pour la culture intellectuelle. Quant aux autres classes de la société, avant la fondation du collège du Puy, en 1570, elles ne disposaient que d'une unique école, certainement insuffisante pour une population de près de 18.000 âmes, et hésitaient à envoyer leurs enfants dans celles très florissantes de Pradelles et même de Chomelix, à raison de leur éloignement et des grands sacrifices qu'elles ne pouvaient s'imposer.

Dans les lignes qui précèdent, nous n'avons eu d'autre intention que d'esquisser à grands traits l'histoire de la ville du Puy, au xvie siècle, en nous bornant à rappeler succinctement ses efforts pour réparer ses forces amoindries par les guerres du xve siècle, sa généreuse intervention dans le duel à mort de François Ier et de Charles-Quint et, enfin, son épuisement, lorsque, abandonnant sa politique de sage recueillement, elle se lança corps et âme dans les luttes religieuses. Nous avons cru devoir compléter ce tableau synoptique par quelques souvenirs empruntés aux mœurs de cette époque, dans l'espoir que cette revue rétrospective de la pensée, de l'art ou de l'industrie de nos aïeux éclairerait, tout en la complétant, l'une des pages les plus captivantes des annales de la capitale de l'ancienne province du Velay. Ce ne sont pas seulement ses montagnes, ses sites, ses monuments qui nous incitent à l'admirer, ce sont aussi ses traditions, ses malheurs ou ses gloires qui doivent nous y attacher.

PRINCIPAUX OUVRAGES A CONSULTER

Médicis (Etienne), bourgeois du Puy : *Chroniques*, publiées par A. Chassaing. Le Puy, 1874-1879, 2 vol. in-4º.

Burel (Jean), bourgeois du Puy : *Mémoires*, publiés par A. Chassaing. Le Puy, 1875, in-4º.

Arnaud (Dr) : *Histoire du Velay*. Le Puy, 1815-1816, 2 vol. in-8º.

Mandet (F.) : *Histoire des guerres civiles, politiques et religieuses dans les montagnes du Velay, pendant le xvie siècle*. Paris, 1840, in-8º.

Vinols (L. de) : *Histoire des guerres de religion dans le Velay*. Le Puy, 1862, in-8º.

Le fleuron du titre représentant la vue du Puy, provient de la traduction en vers des *Odes d'Horace*, parue à Paris, chez Nicolas Poncelet, en 1579, sous la signature de Jacques Mondot « vélaunois », docteur en droit canon et religieux de l'abbaye de La Chaise-Dieu.

La vue du Puy est empruntée à l'ouvrage d'Etienne Martellange, architecte des Jésuites, intitulé *Le Puy-en-Velay en l'année 1607*, publié, en 1887, par H. Mosnier.

QUESTIONNAIRE

*Établi par M. Jacotin et adressé par la Société des Études Locales
aux Instituteurs du département de la Haute-Loire*

Commune d ....

Renseignements fournis par M ....

Prière de vouloir bien signaler pour votre commune :

1° *Tous les monuments, grottes, ruines ou vestiges* curieux au point de vue de l'histoire et de l'archéologie, et notamment les églises, châteaux, maisons anciennes, ponts, routes (en indiquant les anciens noms), anciens camps, pierres tombales, croix sur les chemins, menhirs, etc...

2° *Tous les objets mobiliers anciens* conservés soit dans les édifices publics, comme les églises ou les mairies, soit chez les particuliers. Mentionner notamment les tableaux, les statues ou christs, les cloches (en relevant les inscriptions qui y figurent), les plaques de cheminées, etc...

3° *Toutes les découvertes archéologiques* : monnaies, vases, mosaïques, etc... et les ossements fossiles, ateliers préhistoriques, etc...

4° *Tous les documents d'archives* existant soit dans les dépôts publics, soit chez des particuliers qui consentiraient à les communiquer.

Rédaction des réponses. — Indiquer *brièvement* :

1° *Pour les monuments ou vestiges* : l'emplacement exact, les dimensions, l'état de conservation, le nom patois dont on les désigne, les traditions qui pourraient encore subsister dans le pays à leur sujet.

2° *Pour les objets mobiliers* : le sujet représenté, les dimensions, la matière (bois, pierre, terre cuite, ivoire, etc...) la couleur (peint ou à l'état naturel).

Joindre aux réponses, quand on le pourra, des photographies de toutes les choses curieuses.

N.-B. — *Adresser les réponses au siège de la Société, à l'Inspection académique.*

Le Puy-en-Velay. — Imp. Peyriller, Rouchon et Gamon.